旅游饭店业服务那些事儿

秦皇岛市旅游委员会
编著

中国轻工业出版社

图书在版编目（CIP）数据

旅游饭店业服务那些事儿 / 秦皇岛市旅游委员会编著.
—北京：中国轻工业出版社，2017.11
ISBN 978-7-5184-1496-3

Ⅰ.①旅… Ⅱ.①秦… Ⅲ.①旅游饭店—商业服务—岗位培训—教材 Ⅳ.①F719.2

中国版本图书馆CIP数据核字（2017）第165231号

责任编辑：史祖福　　责任终审：劳国强　　整体设计：锋尚设计
策划编辑：史祖福　　责任校对：晋　洁　　责任监印：张　可

出版发行：中国轻工业出版社（北京东长安街6号，邮编：100740）
印　　刷：北京君升印刷有限公司
经　　销：各地新华书店
版　　次：2017年11月第1版第2次印刷
开　　本：850×1168　1/32　印张：3.75
字　　数：90千字
书　　号：ISBN 978-7-5184-1496-3　定价：43.00元
邮购电话：010-65241695
发行电话：010-85119835　传真：85113293
网　　址：http：//www.chlip.com.cn
Email：club@chlip.com.cn
如发现图书残缺请与我社邮购联系调换
171444J4C102ZBW

《秦皇岛市旅游行业服务规范培训动漫读本》编委会

主　　任：李文生
副 主 任：张力荣　李惟立
编　　委：栗书河　付　岗　郭　伟　杨立平　王文军　郭　颖

本书编写人员

主　　编：栗书河
副 主 编：王秀杰　张志辉
参编人员：王喜民　方志学　李冬梅

序

为建设质量管理城市及全域旅游示范城市，提升建设秦皇岛市旅游行业服务质量品牌，秦皇岛市旅游委员会在河北省第二届旅游发展大会的筹备期间，组织智库专家研究编制了“秦皇岛市旅游行业标准规范”系列执业质量管理文件，作为全市旅游业从业人员工作规范的指导标准及专业能力建设工作的基本依据。

为满足现代新生代旅游从业者的培训学习特点需求，切实发挥标准规范影响效力，秦皇岛市旅游委员会专门组建了“旅游行业服务规范培训动漫读本编委会”，按照饭店、旅游景区、旅行社、导游及沙滩海域系列策划设计了配套动漫插图，以互动鲜活的形式呈现，出版了本套专题图书。以培训形式改革创新，达到旅游行业培训工作效果扎实有效的目标。

本培训读本适合各类旅游企业人员培训及相关旅游专业院校学生基础学习使用，是旅游行业典型服务工作质量内训的参用资料。

秦皇岛市旅游委员会

2017 年 9 月 28 日

目 录

第三部分
客房服务规范

第四部分
餐饮服务规范

第一部分

基本礼仪服务规范

本规范规定了旅游饭店业从业者的基本礼仪标准及对应的要求，适用于旅游饭店业工作人员的培训与考核。

规范内容一 男女服务人员仪容要求及规范

（一）仪容

1. 头发

整洁干净，梳理光顺，前不遮眉，后不过领，不允许散发披肩。男服务员不得留鬓角、胡须；女服务员如留长发，应用统一式样发卡把头发盘起，发型美观大方。不得留奇异发型。

2. 装饰

上班不戴项链、耳环、手镯等贵重饰物。不留长指甲，确保指甲干净无污物，不涂有色指甲油，不浓妆艳抹，女服务员保证淡妆上岗，男服务员坚持每天刮胡子。

（二）着装

服装洗涤干净、平整，纽扣要齐全并扣好，不得卷袖子。袜口不得短于裤角或裙角，穿裙子时要穿肉色丝袜。

（三）个人卫生

做到“四勤”，即勤洗手、洗澡；勤理发，修面；勤换洗衣服；勤修剪指甲。上班前不吃生葱、生蒜等有浓烈异味的食品。

规范内容二 仪态

站姿篇

（一）男女通用“V”字型站姿

（1）身体立直，抬头挺胸，下颌微收，双目平视，嘴角微闭，面带微笑；

（2）双手自然垂直于身体两侧，双膝并拢，两腿绷直，脚跟靠紧，脚尖分开呈“V”字型，两脚开度为45°～60°，身体重心落在两脚之间的中心位置上；

（3）收腹提臀，髋部上提，立腰挺胸，挺直脊背。

（二）男士腹前式站姿

（1）身体立直，抬头挺胸，下颌微收，双目平视，嘴角微闭；

（2）双脚平行分开，两脚间距离不超过肩宽，一般以20厘米为宜；

（3）双手手指自然并拢，右手搭在左手上，轻贴于腹部，不要挺腹或后仰。

（三）女士腹前式站姿

（1）身体立直，抬头挺胸，下颌微收，双目平视，嘴角微闭，面带微笑；

（3）双手自然并拢，右手搭在左手上，轻贴于腹前，身体重心可放在两脚上，也可放在一脚上，并通过重心的移动减轻疲劳。

（2）两脚尖略分开，右脚（左脚）在前，将右脚（左脚）跟靠在左脚（右脚）脚弓处，两脚尖呈“V”字型；

坐姿篇

（一）女士常见坐姿

标准式坐姿

侧腿式坐姿

交叠式坐姿

交叉式坐姿

（二）男士常见坐姿

前交叉式坐姿

前伸式坐姿

重叠式坐姿

（三）男女坐姿基本要求

（1）入座时要轻稳；

（2）入座后上身自然挺直，挺胸，双膝自然并拢，双腿自然弯曲，双肩平整放松，双臂自然弯曲，双手自然放在双腿上或椅子、沙发扶手上，掌心向下；

（3）头正、嘴角微闭，下颌微收，双目平视，面容平和自然；

（4）坐在椅子上，应坐满椅子的2/3，脊背轻靠椅背。坐在沙发上，应坐沙发的1/3，脊背挺直。

男女标准式坐姿

（四）入座时注意事项

（1）坐时不可前倾后仰，或歪歪扭扭；

（2）双腿不可过于叉开，或长长地伸出；

（3）坐下后不可随意挪动椅子；

（4）不可将大腿并拢，小腿分开，或双手放于臀部下面；

（5）不可高架“二郎腿”或“4”字型腿；

（6）不可腿、脚不停抖动；

（7）不要猛坐猛起。

❶
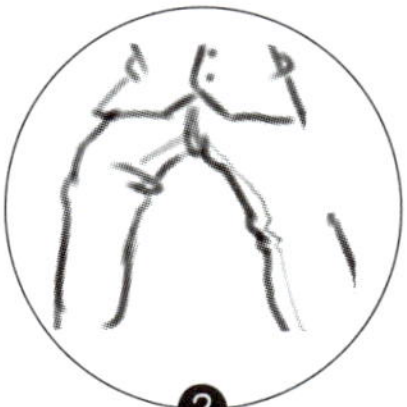
❷

❸
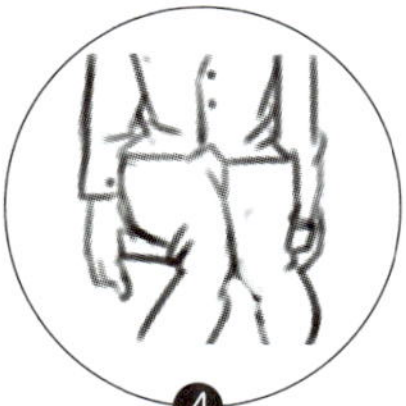
❹
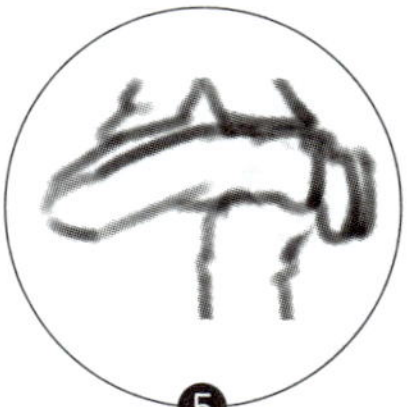
❺
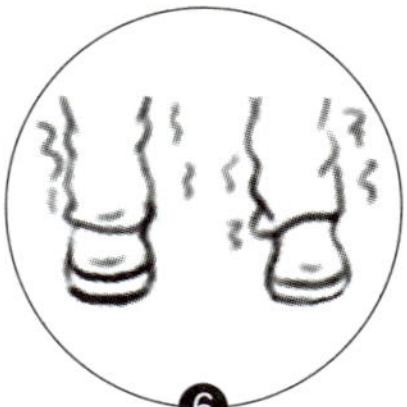
❻

❼

走姿篇

（一）服务人员正确走姿规范及要求

（1）双目向前平视，面带微笑收下颌；

（2）上身挺直，头正、挺胸收腹，重心稍前倾；

（3）手臂伸直放松，手指自然弯曲，摆动时要以肩关节为轴，上臂带动前臂向前，手臂要摆直线，肘关节略屈，前臂不要向上甩动，向后摆动时，手臂外开不超过30°。前后摆动的幅度为30～40厘米；

（4）步度的标准一般是一脚踩出落地后，脚跟离未踩出一脚脚尖的距离恰好等于自己的脚长。身高超过1.75米以上的人的步度约是一脚半长。走路时最好的步位是两只脚所踩的是一条直线而不是两条平行线；

（5）步幅适中均匀，步速稳而有别。

（二）行走时不恰当姿态

（1）方向不定，忽左忽右；

（2）体位失当，摇头、晃肩、扭臀；

（3）扭来扭去的“外八字”步和“内八字”步；

（4）与多人走路时，或勾肩搭背，或奔跑蹦跳，或大声喊叫等；

（5）双手反背于背后；

（6）双手插入裤袋。

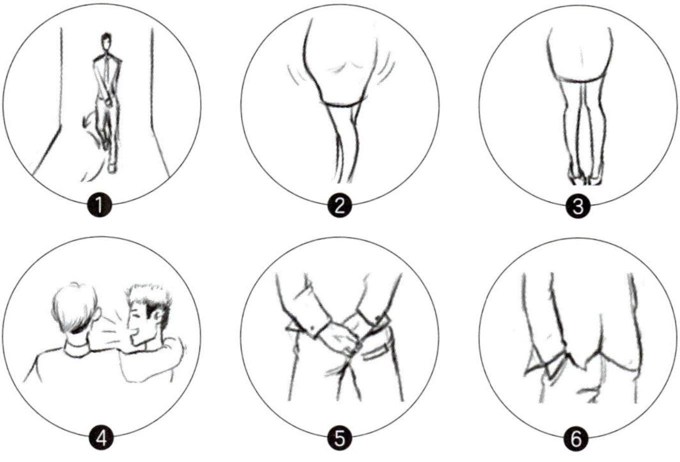

（一）横摆式——请进手势

（1）手指并拢，拇指自然稍稍分开，手心向上，肘微弯曲，腕低于肘。手掌与地面基本形成45°；

（2）手腕伸直，使手与小臂呈一直线，大小臂的弯曲以140°为宜；

（3）头部和上身微向伸出手的一侧倾斜，另一手下垂或背在背后，目视宾客，面带微笑，表现出对宾客的尊重、欢迎。

（二）直臂式——指示方向手势

（1）将右臂由身体一侧抬起，手臂自然伸直，高度与肩平行或略高于肩部；

（2）右手五指并拢，掌心向上与地面呈45°；

（3）上身微前倾，应先与客人对视交流后，转向所指示方向；

（4）左臂自然放于体侧或腹前。

直臂式

指示方向手势

（三）斜摆式——请坐手势

（1）手指并拢，拇指自然稍稍分开，手心向上，腕低于肘。手掌与地面基本呈45°；

（2）要先从身体的一侧抬起，到高于腰部后，再向下摆去，使大小臂呈一斜线；

（3）头部和上身微向伸出手的一侧倾斜，另一手下垂或放于腰前，目视宾客，面带微笑。

（四）曲臂式——介绍时手势

（1）手心朝上，手背朝下，四指并拢，拇指张开，手掌基本上抬至肩的高度，并指向被介绍的一方；

（2）抬起过程中，手心翻出，抬至体侧后，手心与地面呈45°，五指并拢；

（3）肘关节自然弯曲，以100°为宜；

（4）身体略向前倾，左臂自然放于胸前；

（5）应先与客人对视交流后，转向所指示方向。

我来简单说几句……

第二部分

前厅服务规范

本规范提出了饭店前厅服务的主要工作能力标准及对应要求，适用于前厅岗位职业能力培训与考核。

规范内容一 预订服务

电话
预订

（一）电话服务操作细则说明

1. 接起电话、致以问候

铃响三声内接起电话，清晰快速报出酒店名称或岗位名称，声音柔和自然，语调上扬。

2. 聆听预订要求、询问客人的姓名

（1）仔细聆听客人预订要求，确定预订时间、用房数量及房间类型，查阅预订当日客房状态，迅速判断能否受理；

（2）询问客人姓名，并确定书写方式，如英文拼写，姓在前，名在后复述确认。

3. 推销房间

（1）如客人没有所需明确房型，应根据客人特点进行有针对性推销；

（2）询问客人公司名称、查询是否属于合同单位，便于确定优惠价格。

4. 询问付款方式

（1）询问客人付款方式，在预订单上注明；

（2）公司或旅行社承担费用者，要求在客人抵达前电传书面信函，做付款担保。

5. 了解抵达情况

（1）询问客人抵达时间或航班；

（2）向客人说明，无明确抵达时间和航班，饭店只保留房间到入住当天下午××时；

（3）如果客人抵店时间不确定，可要求客人告知信用卡号码做担保预订。

6. 询问特殊要求

（1）询问客人特殊要求，如是否需要接机服务；

（2）对有特殊要求者详细记录并复述。

7. 复述预订内容

复述客人预订信息，包括入住日期、航班、房间类型、房价、客人姓名、客人人数、特殊要求、付款方式及客人联系方式等。

8. 完成预订

向客人道谢，期待客人到来；并告知如有变动应及时与我们联系；客人挂断电话后方可挂断；完善预订记录，通知房务部做好准备。

（二）特别注意

电话预订不可事先告知客人房间号码。

当面预订

1. 微笑迎客、致以问候

当看到客人距前台1.5米至2米处时，微笑问候。如“您好！欢迎光临！”了解客人是否需要预订房间。声音柔和自然，语调上扬，面带微笑，神态亲和。

2. 聆听预订要求、询问客人的姓名

（1）仔细聆听客人预订要求，确定预订时间及用房数量及类型，查阅预订当日客房状态，迅速判断能否受理；

（2）询问客人姓名，并确定书写方式，如英文拼写，姓在前，名在后复述确认。

3. 推销、展示房间

（1）如客人没有所需明确房型，应根据客人特点进行有针对性推销；

（2）可以向客人展示饭店房间宣传图片或请行李员带客人到客房实地参观；

（3）确定房型后，询问客人公司名称、查询是否属于合同单位，便于确定优惠价格。

4. 询问付款方式

（1）询问客人付款方式，在预订单上注明，并请客人预先缴纳一天的房费作为预订押金，可使用现金、信用卡或支票；

（2）公司或旅行社承担费用者，要求在客人当时或抵达前出示书面信函，做付款担保。

5. 了解抵达情况

（1）询问客人抵达时间或航班；

（2）向客人说明，如不能按时到达应及时联系酒店，如客人取消订房，所收取押金不予退还，作为未到店损失的赔偿。

6. 询问特殊要求

（1）询问客人特殊要求，如是否需要接机服务；

（2）对有特殊要求者详细记录并复述。

7. 复述预订内容

复述客人预订信息，包括入住日期、航班、房间类型、房价、客人姓名、客人人数、特殊要求、付款方式及客人联系方式等。

8. 完成预订

向客人道谢，期待客人到来；并告知如有变动应及时与我们联系；客人离开时，预订人员目视送别，待客人离开3米左右时，方可移开视线，完善预订记录，通知房务部做好准备。

团队
预订

（一）团队预订操作细则说明

1. 接受预订

预订员随时准备接受客人电话、当面或网络等多方面的预订需求。电话和当面预订时迎候方式与散客预订相同。

2. 了解团队情况，发送预订函或致电

通过电话或发送预订函的形式确认团队情况。了解信息内容包括团队名称、联系人姓名、国籍、身份、人数、抵/离店时间、使用的交通工具、房间类型和数量、用餐类别、时间和标准；付款方式、费用自理项目；团队中其他要求和注意事项，联系电话等。

3. 核查信息

核查酒店是否有能力接待该团客人及该团可享用的优惠标准。

4. 确定预订内容

如有能力接待，应再次确认客人的基本信息，以防出错。

5. 信息存储

及时填写客人预订信息，可分为电子版和手写版两份，已备及时查询。房间类型和数量、用餐类别、时间和标准；付款方式、费用自理项目；团队中其他要求和注意事项、联系电话等。

6. 下发接待通知单

预订员将团队接待通知单及时下发给前厅部、财务部、餐厅部等接待部门并由接待部门经理签字，提前做好接待准备。

7. 后续跟踪

预订员要随时了解团队动态，若接到团队的任何变动信息，都应及时填写变更通知单下发给各个接待部门。团队到达前还应再次与联系人确认团队情况，以防出现差错。

（二）特别注意

以接待团队为主的酒店会由公关营销部预订员专门负责团队客人的预订，前台预订员主要针对散客进行预订。

网络预订

1. 接受预订

客人自行进入饭店预订中心网上系统，自助填写预订申请。酒店预订负责人员随时查询网络客人预订情况。

2. 核对预订信息

预订员核对客人的预订信息是否合理准确，是否有优惠项目，将预订要求与客人所订抵店日期的可售房情况进行对照，并做出是否受理的判断。

3. 确认预订请求

根据客人预订时留下的联系方式，短信发送入住信息，包括客人姓名、抵／离店时间、房间数量、房间类型及酒店联系方式等。

4. 排房，迎候客人到来

根据客房状况进行排房，迎候客人的到来。客人到店前一天，电话联系客人，对客人的预订信息进行进一步核对，做到准确无误。

规范内容二 前厅接待

有预订散客

1. 客人抵店，热情迎客

客人抵达时，微笑问候，询问客人需求，如正在忙碌时，应向客人示意，请客人稍后。当可以为客人服务时，对让客人等候表示歉意。

2. 核对信息，查找订房

根据客人提供的信息查找订房，并认真查看客人有无留言及电脑中所注明的特殊要求和注意事项。

3. 办理入住手续

（1）请客人在入住登记表填写所需的各项内容，问清付款方式，并请客人在登记表上签字；

（2）请客人出示有效证件，如护照、身份证、驾驶证等，核对证件的真实性及有效期限；

（3）按规定收取押金，一般为客人所订房间的一天房费；

（4）为客人分配一间符合其需要的房间，并与其确认房价和离店日期，书写订房卡，将房卡交予客人。

4. 提供其他帮助

入住手续办理完毕后，询问客人是否需要行李员帮忙，如需要最短时间内联系行李员引领客人入房；如不需要告知客人电梯的方位及房间位置，并祝客人住店愉快。

5. 信息存储

接待客人完毕后，立即将有关信息输入电脑，检查信息的正确性并输入客人的档案中以便随时查询。

无预订散客

1. 客人抵店，热情迎客

客人抵店，主动问候，如正在忙碌时，应向客人示意，请客人稍后。当可以为客人服务时，对让客人等候表示歉意。

2. 询问要求，推荐房间

礼貌询问客人是否有预订，得到客人答复后聆听客人预订需求，根据需要主动介绍相应房型、价格及特点，再次听取客人意见并积极推销。

3. 办理入住手续

（1）请客人在入住登记表填写所需的各项内容，问清付款方式，并请客人在登记表上签字；

（2）请客人出示有效证件，如护照、身份证、驾驶证等，核对证件的真实性及有效期限；

（3）按规定收取押金，一般为客人所订房间的一天房费；

（4）为客人分配一间符合其需要的房间，并与其确认房价和离店日期，书写订房卡，将房卡交予客人。

4. 提供其他帮助

入住手续办理完毕后，询问客人是否需要行李服务；如不需要告知客人电梯的方位及房间位置，并祝客人住店愉快。

5. 信息存储

接待客人完毕后，立即将有关信息输入电脑，检查信息的正确性并输入客人的档案中以便随时查询。告知客人电梯的方位及房间位置，并祝客人住店愉快。

团队入住

1. 到店前准备工作

在团队到达前，预先备好团队的钥匙，并与有关部门联系确保房间为干净房，按照团队要求提前分配好房间。

2. 办理入住接待手续

（1）前台接待人员与销售联络员一同礼貌地把团队客人引领至团队入店登记处，请客人登记；

（2）团队联络员告知领队有关事宜，包括：早、中、晚餐地点，酒店其他设施等；

（3）接待人员与领队确认房间数、人数及叫早时间；

（4）经确认后，请团队联络员在团队明细单上签字且前台接待处人员也需在上面签字认可；

（5）团队联络员和领队接洽完毕后，前台接待员需协助领队发放钥匙。并告知客人电梯的位置。

3. 信息存储

手续完毕后，总台接待服务员将准确的房号名单转交行李部，以便行李发送，待完毕所有事项后，及时将有关信息输入电脑中。

规范内容三 问询服务

电话查询

1. 接起电话，致以问候

铃响三声内接起电话，清晰快速报出酒店名称或岗位名称，声音柔和自然，语调上扬。

2. 礼貌询问客人需求

认真聆听客人需求，中间不允许打断。

3. 查询情况

查询情况一般可分为两种，即住客情况和酒店或地方资料。

（1）**查询住客** 根据客人提供的信息，通过电脑迅速查寻；查到，询问访客姓名；将电话转入住客房间，征询住客意见是否接听后，或将电话转入房间，或婉言回拒；查不到，向查询者解释或提供其他线索，帮助查找；

（2）**查询酒店或地方资料** 对熟悉的情况，随问随答；对不清楚的问题，请客人稍等，查询后给予答复；对不清楚，又一时查不到的信息，向客人说明，请予谅解，或转交大堂经理处理，或记下客人姓名、房号及询问内容，待查询后回复客人；经查询后仍无法解答的问题，回复客人并向客人道歉。

4. 其他工作

随时收集客人感兴趣经常查询的信息资料列入知识手册，便于日后工作。

规范内容四 结账服务

散客结账

1. 主动问候并准确结账

（1）面带微笑接待客人；

（2）问清客人房号、姓名、来离店日期、结账类型等；

（3）收回房卡、钥匙、预付款收据，收取账夹；

（4）电话通知客房服务中心检查房间小酒吧使用情况；

（5）询问客人在结账前是否还接受过其他需付费的服务，例如离开房间前，是否使用过房间小酒吧、电话等。

2. 结算

（1）可以使用电脑结账系统选项或手工结算两种方式；

（2）输入房号、离店日期和离店时间；

（3）打印明细账单和发票，双手交给客人过目，并予以说明。

3. 核收账款

（1）客人使用现金支付，按发票总金额冲减预付款，多退少补，在账单上加盖“收讫”印章；

（2）客人使用信用卡，在已取得授权的签购单上填写客人消费总金额，在核对签名后，请客人签字，然后将信用卡回执交还客人；

（3）客人使用支票，应确认该支票有效、印签齐全，开户银行单位名称写全、字迹清楚，金额大、小写正确，没有涂改痕迹等，如有疑点，必须当面向客人说明；

（4）客人账单如由接待单位支付，应请客人和接待人员确认并签收，然后做转账处理。

4. 征求客人意见

（1）结完账，向客人表示感谢；

（2）主动征求客人对饭店服务的意见，将离店结账卡交给客人并安排行李员送行；

（3）客人离开结账处，祝愿客人旅途愉快，欢迎再次光临。

5. 账务凭证归档

为客人结完账后，将住客登记卡注明结账和离店时间，并按规定存档将结账单等账务凭证归档。

团队
结账

（一）团队结账服务操作细则说明

1. 结账前准备

在团队离店前一天根据团队要求整理好团队总账。

2. 核对信息

在团队结账当天半小时做好随时结账的准备，将团队的账再次复查一遍，确认是否均按相关要求入账，所有附件是否齐全等。一般核查内容为离店时间、团队名称、房间数、房间类型、房价、餐饮会议安排、付款方式等内容。

3. 结账

领队或陪同人员前来结账时，应双手将准备好的账单递置客人面前，请他们检查并签字认可。如遇领队对账目有疑问，或结算方式有问题的情况下应及时联系销售经理，并准备好所有团队账目，以备核查。

4. 额外费用清算

有些费用如洗衣、长途电话、小型酒吧的酒水等需客人自付的，则应请客人付款，也可请领队协助结账。

5. 收回钥匙、房卡

一般请领队帮忙收集钥匙及房卡，也有的是客人自行到前台归还钥匙，应准确清点数量。

6．与客告别

结完账，向客人表示感谢；主动征求客人对饭店服务的意见，将离店结账卡交给客人，并祝愿客人旅途愉快，欢迎再次光临。

（二）团队结账注意事项

1．核对确保房卡全部收取；

2．一定询问有无及时消费，并和每个营业点询问核实；

3．收银员应保证在任何情况下，不得将团队房价泄露给客人，如客人要求自付房费，应按当日门市价收取。

规范内容五 行李服务

1. 接收行李

（1）当团队行李送到酒店时，尽快推出行李车；

（2）点清行李件数，检查行李有无破损，如遇损坏，需请团队行李人员签字证明，并通知团队陪同及领队；

（3）客人下车后，上车检查是否有遗留物品；

（4）统计行李件数，请领队签名确认，并确定团队名称和入住楼层；

（5）整齐码放行李，全部系上有本酒店标志的行李牌，并用网子罩住，以防止丢失，错拿。

2. 分拣行李

（1）根据前台分配的房号，分拣行李，并将分好的房号清晰地写在行李牌上；

（2）与前台联系，问明分配的房间是否有变动，如有变动须及时更改；

（3）迅速将已知房号的行李送至房间；

（4）如遇行李姓名卡丢失的行李应由领队帮助确认。

3. 送行李到房间

（1）将行李平稳摆放在行李车上，在推车入店时，注意不要损坏客人和酒店财物；

（2）在进入楼层后，应将行李放在房门左侧，轻敲门三下，报出“行李员（或者：BELL SERVICE）”；

（3）客人开门后主动向客人问好，固定门把行李送入房间内，待客人确认后方可离开，如果没有客人行李，应婉转地让客人稍候并及时报告领班；

（4）如客人不在房间，按照房号将行李放在房内行李架上；

（5）对于破损和无人认领的行李，要同领队或陪同及时取得联系以便及时解决。

4. 行李登记

（1）送完行李后将每间房间的行李件数准确登记在团队入店登记单上，开门直接送的行李应注清“开门”字样，并核对总数是否同刚入店时一致；

（2）按照团队入住单上的时间存档。

团队离店

1. 离店前准备

（1）仔细审阅前台送来的团队离店通知；

（2）将第二天预离团队的团号房间号、人数与电脑内档案核实；

（3）与团队入店时填写的行李表核对，并重建新表；

（4）夜班领班将核实后的表格转交下一班领班。

2. 收取行李

（1）依照团号、团名及房间号码到楼层收取行李；

（2）与客人确认行李件数，如客人不在房间则检查行李牌号及姓名；

（3）如客人不在房间，又未将行李放在房间要及时报告领班解决；

（4）按指定位置摆放行李，并罩好，以免丢失。

3. 行李核对

（1）统计行李件数的实数是否与登记吻合；

（2）请陪同或领队一起过目，签字确认；

（3）当从前台得到该团行李放行卡后，方可让该团队离开。

4. 行李放行及存档

（1）团队行李员确认完行李件数团号和团名后，请其在离店单上签上姓名及车牌号；

（2）把团队离店登记单存档。

散客进店

1. 迎接客人

（1）行李员主动迎接抵达酒店要求行李服务的客人，并致亲切问候；

（2）取出行李并确认件数，检查有无破损，贵重物品、易提物品尽量请客人自提；

（3）迅速引导客人入店登记。

2. 等候提拿行李

（1）客人登记时，行李员应在离前台4米以外的地方等候；

（2）对于VIP客人，应请其落座，并站立等候。

3. 引领客人至房间

（1）接过房间钥匙并将房号记在行李牌上；

（2）上电梯时应请客人先进，行李放在不碍他人的地方，如果梯内客人较多，将钥匙交给客人，并告诉客人行李可能迟些时候进房；

（3）引导客人上电梯；

（4）主动介绍酒店主要服务项目。

4. 房间服务

（1）引导客人到房间，介绍紧急出口；

（2）按规范开门，同时介绍钥匙的用法；

（3）介绍房间其他物品的用法；

（4）向客人道别，面向客人退出房间，将门轻轻关上。

5. 等候提拿行李

（1）送完客人后，登记房号、行李件数、时间；

（2）如客人没进房，由行李员直接送行李，须注明。

散客离店

1. 接到通知，收取客人行李

当接到客人离店时要求收取行李电话时，应问清房号、行李件数和收行李时间。

2. 信息登记

将客人房号、行李件数、收取行李时间等登记在散客离店登记单上。

3. 收取行李

（1）根据客人行李件数确定是否需用行李车，在接到电话后3分钟内到达客人房间；

（2）问候过客人后，同客人一起点清件数，检查有无破损，并确认有无遗留物品；

（3）将客人引导至大堂。

4. 助客离店

（1）确认客人已结清账目，帮客人提行李出店上车；

（2）必要时通知门卫为客人要出租车；

（3）礼貌告别。

行李寄存

1. 确认客人住店情况

（1）请客人出示住房卡（钥匙卡），或者已结账离店通知单；

（2）对非住店客人所提出的寄存行李物品的要求原则上予以婉拒。

2. 问清客人所寄存行李物品情况

（1）与客人接洽交谈中，注意利用“眼看、耳听、鼻闻、手摸”等多种感官进行检查；

（2）发现易燃、易爆等物品应予以婉拒，尤其查出危害程度高的物品，应立即向饭店保卫部报告，采取积极防范措施。

3. 检查物品有无破损及其包装状况

（1）注意箱包提手及表面是否破损，并当面向客人指明；

（2）对捆扎不牢固的纸箱等，主动征求客人意见，提供绳子、胶带等，予以加固。

4．填写寄存单并请客人签名确认

（1）寄存单分上下两联，上联为寄存联（作存根），下联作为提取行李物品的凭证交给客人；

（2）提醒客人妥善保管提取联。

5．向客人道别

（1）向客人告别；

（2）待客人离开后，将行李物品放置在行李架上或整齐地摆放在行李房地面上。

我来简单说几句

……

第三部分 客房服务规范

本规范提出了饭店客房服务的主要工作能力标准及对应的培训要求，适用于客房岗位职业能力培训与考核。

规范内容一 客房清洁

1. 敲门或按门铃

手指微弯曲，以中指或食指第二关节部位敲门，一次敲3下，并通报“客房服务员（或House keeping）”；按铃，清晰地通报“客房服务员（House keeping）”，并等客人反应。

2. 等候

如听到客人回应，客房服务员应说：“我是客房服务员，请问我能现在进来为您清洁房间吗（May I come in your room）?”，并等客人开门。如房内无回应，敲门两次后方可用钥匙开门。第一次敲门与第二次敲门间隔时间约为5秒。客房服务员身体与门的距离约为30厘米。

3. 开锁

手持磁卡，对准匙孔平衡插至尽头，停留时间约1秒，然后拔出，门锁显示灯绿灯亮，方可向下转动门锁把手，推开门后应将磁卡放回口袋。

4. 开门

把门轻轻推开至二分之一处，再次通报，并注意观察，以确定房间是否有人或有什么特殊情况。

5. 调节空调

把空调出风调至最大，加快房间空气对流，使空气清新。

6．拉开窗帘

用双手拉开窗帘、窗纱，同时检查窗帘轨道及挂钩是否完好。

7. 撤房间垃圾

清除房间的垃圾，包括客人用过的一次性用品，注意检查抽屉内、柜台、柜底、床底及房间角落等处是否有杂物。

8. 撤床上用品

床单要一件一件地撤，仔细检查是否夹带有客人物品；脏布草要卷好放在布草袋里，不要放在地上。切忌将脏布草和干净布草混放，以免沾上细菌。

9. 清洗茶具、烟缸

把电热水壶、冰壶拿到卫生间倒掉剩水，用过的烟灰缸要清洗，先洗干净壶具并放回到咖啡台上，然后再洗用过的烟灰缸。

10. 撤杯具至工作车

客人用过的杯具撤出放于工作车上（客人自己的杯具除外），如杯内有水则要将水倒掉。

11. 带入床单、枕套

把需要的干净床单、枕套等物品带入房间。

12. 铺床

按酒店规定要求铺床，现一般为中式铺床。

13. 除尘除迹

（1）用一条半湿的抹布对房内各处除尘除迹；

（2）高级房间，除尘除迹后还要对家具打蜡；

（3）除尘除迹应同时检查各处用品的缺少情况；

（4）用专用吸头分别对各处吸尘。

14. 整理卫生间

（1）冲抽水马桶；

（2）脸盆、浴缸如使用过，应重新擦洗干净；

（3）将地巾放在浴缸外侧的地面上；

（4）将浴帘放入浴缸内，并拉出1/3，以示意客人淋浴时应将浴帘拉上放入浴缸内，避免淋浴的水溅到地面；

（5）将用过的毛巾收走并换上干净的毛巾，整理后摆好；

（6）如有加床，应增添一份客人用品。

15. 自我检查、关灯、关空调、关门

站在房门处，环视房间；关闭空调及所有灯具，离开房间。

规范内容二 对客服务

新客入住迎接

（一）客人到达前的准备工作

1. 了解客情并记录

在客人到达前服务员应根据前厅的客情预报，了解相关信息，如客人房号、进店时间、人数、姓名和性别等内容并做好记录，以便更好地为客人提供服务。

2. 整理布置

明确客人到店时间，可将热水壶或饮水机插上电源；检查房间有无不妥之处；将空调打开调节到合适温度，冬天空调温度可调制20~22℃，夏天空调事宜温度为26~27℃；如客人预计到店时间较晚（20时之后），可提前将夜床开好。

（二）客人到达前的迎接工作

1. 迎候客人

在指定位置迎接客人的到来，一般在电梯口或楼梯口附近；面带微笑，主动问候客人，并做自我介绍；问清客人房间号码，并请客人出示房卡；若客人提有行李，应征求客人意见帮忙提拿。

2. 引客进房

服务人员走在客人左前方或右前方1米远处引领客人，途中可与客人简单交谈回答客人提问；打开房门后，退到房门边请客人先进；按照客人要求将行李放在适当位置。

3. 介绍房间设备设施

对首次住店客人，可向客人简单介绍房间各项设备设施的使用方法，酒店周边的情况及酒店内部主要营业场所的位置及营业时间，客房服务中心的电话等。

4. 告别离开

祝客人住店愉快，倒退两步离开房间，轻轻将房门关上，做好记录。

客人离
店送别

（一）客人离店送别服务操作细则说明

1. 客人离店前的准备工作

（1）服务员应了解当日离店客人的基本情况，如房号、客人姓名、性别及离店时间等；

（2）检查客人委托代办的事务是否已办妥；

（3）如果客人是次日早晨离店，服务员要问清客人是否需要叫醒服务，是否在房间内用餐，如客人提出要求，应做好记录并与有关部门联系；

（4）客人临行前，利用进房服务的机会查看客房设备有无损坏，物品有无遗失，以及饮料有无损耗；

（5）客人离店前，要主动征求意见，如有投诉，应详细记录，诚恳表示感谢，欢迎客人下次再来；

（6）提醒客人检查自己的行李物品，不要遗留物品在房内。

2. 客人离开时送别

（1）协助行李员搬运客人行李；

（2）主动热情的将客人送出，方可离开；

（3）团队客人离店时，要协助行李员在规定的时间内把行李集中起来，放到指定地点，清点数量，并会同接待单位核准行李件数，以防遗漏，如果几个团队同时离店时，则要按团队名称分别摆放、清点，以免出现差错。

3. 客人离房后的检查

客人离开房间后，服务员应立即进入客房，仔细检查有无遗留物，是否消耗或带走酒水、饮料、食品、房间内的设备物品是否损坏、缺少，如有上述情况立即通知前厅收银处。

（二）客人离店后查房顺序

客人离店后，及时检查房间，查看有无客人遗忘物品，客房内有无设备损坏和客用品遗失。

检查的顺序是：壁柜—行李架—写字台(包括抽屉)—电视—电话—文具夹—阳台—沙发和茶几—床上枕头—被单内—毛毯内—床头柜—床下—冰箱—床头柜—卫生间，其他各种电器、灯具随手检查。

做夜床

（一）做夜床服务操作细则说明

1. 夜床准备

（1）**夜床服务表准备** 房务中心每天17：00前将客人预订、在住情况制作夜床服务表，特别需要注明客人国籍、住客人数，VIP客人要注明贵宾等级；

（2）**夜床免费水果准备** 房务中心每天将有派送水果要求的房间号码列出，按酒店规定发送水果；

（3）**夜床服务表、免费水果及报纸的领取** 每天17：00后夜床服务员到房务中心领取服务表及水果，并根据客人国籍领取报纸；

（4）**晚安卡或早餐券的准备** 每天17：00后，服务员到房务中心领取晚安卡或早餐券（一定掌握含早客人的房间号及人数）；

（5）**工作车的准备** 将工作车物品准备齐整，将开夜床所用的免费水果、鲜花、报纸、小礼物、晚安卡或早餐券等物品放置在工作车上。

2. 进房

如果房间开着“请勿打扰”灯时，此房间不开夜床。按照进房规程敲门，工作车停靠在客房门口，将门挡上1/2左右，将房门全部打开，靠在门吸上。

3. 客房整理

做夜床时客房整理程序如下：

（1）检查客人房内的空调、音响、电视、灯光等是否正常；

（2）将房间灯调至标准灯光，一般房间只开门口筒灯、床头灯及卫生间镜灯；

（3）将纱帘、遮光帘均拉至窗户居中位置，确保不透光为宜；

（4）清理房间及浴室内的垃圾，并确保垃圾桶干净；

（5）将客人用过的玻璃制品进行清洗，注意烟灰缸内的烟头有无熄灭；

（6）擦拭用脏的桌面、桌边及床头柜等家具；

（7）开夜床，根据客人入住数量、性别确定棉被的折叠方式，方法为被子打开至枕头中间部分，与床屏呈90°直角；

（8）放置夜床相关的服务备品，将花、晚安卡放于折角上，摆放拖鞋于折角下方，并打开，报纸、免费水果放在规定位置（一般是写字桌上）；

（9）检查冰箱酒水使用情况，开单并补充；

（10）复查房间内物品是否备齐，若无，则需补足；

（11）简单清理卫生间，补足浴室客人使用的毛巾、肥皂、卫生纸等用品；

（12）铺防滑垫，按规定摆放地巾及浴巾；

（13）完成所有任务退出客房时，再巡视一遍是否有遗漏，登记房间状况。

4. 后续工作

遇到有客人需要擦鞋及洗衣服务时，应按规定执行。开完夜床后，应及时整理工作车上物品，并将夜床工作时遇到的问题记录在工作日志上，若属重大事件或有安全隐患，必须向主管领导汇报，以免造成不良影响。

（二）开床规则

1. 单人床

（1）一个人住开靠窗的床头柜一侧，两个人住开两个床；

（2）同性：两个床都开靠窗一侧；

（3）异性：在床头柜一侧对开。

2. 双人床

一个人住开靠窗的一边，两个人住开两侧。

（三）铺防滑垫方法

（1）将防滑垫在淋浴喷头下方横向或纵向铺放；

（2）正面向上，带吸盘面向下；

（3）避开地漏，防止堵塞淋浴间下水；

（4）将绑带花放入房间写字台抽屉。

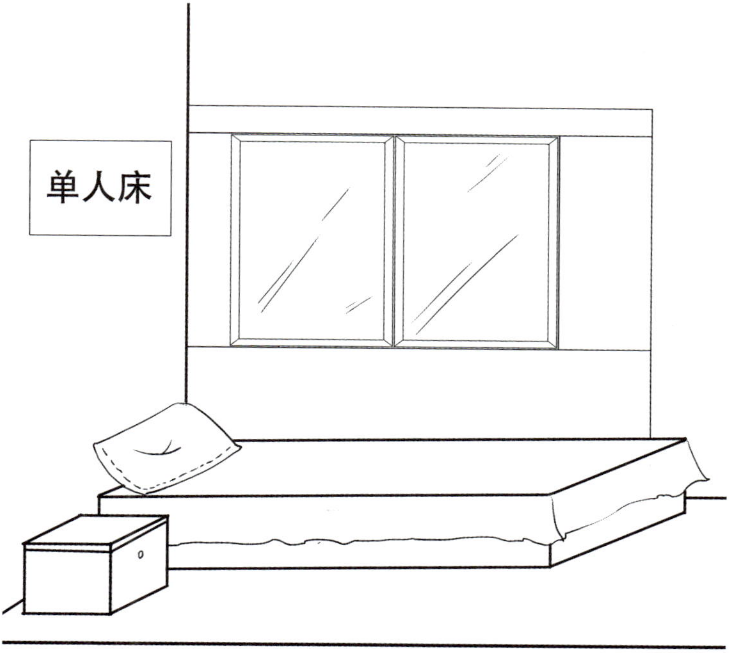

（四）地巾的摆放方法

（1）将地巾展开沿淋浴门外横向铺放；

（2）地巾正面向上，有商标一侧向下；

（3）将地巾四角整理平整，无褶皱。

（五）浴巾的摆放方法

（1）将一条浴巾纵向展开；

（2）展开后对折；

（3）对折后挂在淋浴门把手上，前后对齐；

（4）浴巾侧面开口背向淋浴门开门侧。

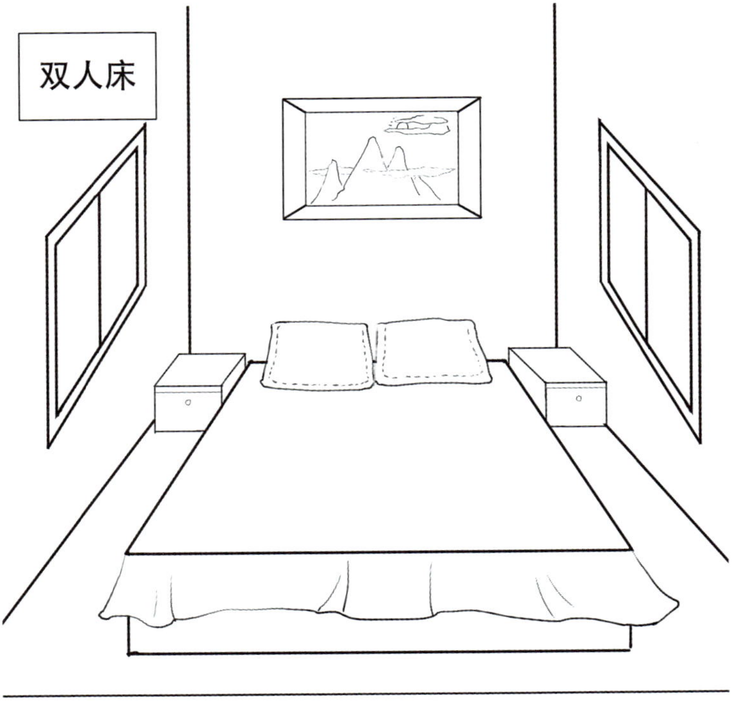

小酒吧

1. 酒水推销

客人入住，服务员在介绍客房设施设备、服务项目时，应恰当地向客人介绍客房小酒吧的服务内容，所配酒水的品种，便于客人消费。

2. 发放领用

（1）客房小酒吧由领班或主管统一管理，酒水在房务中心领取；

（2）由领班按规定品种及数量领取，按要求摆放；

（3）填写酒水领取登记，品名、数量应相符，并注明发放时间和发放人。

3. 酒水补充

（1）服务员根据客人当日消费单进行补充，并检查酒水质量和保质期；

（2）将客人消费单客房联交到房务中心；

（3）住客房消费酒水须经客人签字确认后，再行补充。

4. 日常检查

（1）领班查房时对迷你吧物品逐项进行检查，并登记；

（2）服务员对住客房每日检查3次；

（3）在客人离店时，服务员在第一时间进房检查酒水消费情况，及时上报房务中心。

住客
洗衣

1. 洗衣准备

如果饭店为住客提供洗衣服务时，应准备好洗衣袋及洗衣单，一般放置在写字台抽屉中，如有不同应在房间介绍时告知客人。

2. 客衣收取

住客可以将送洗的衣物直接交给楼层服务员，也可以用电话直接通知洗衣服务处，由洗衣服务处派客衣服务员上门收取。无论是楼层服务员，还是客衣服务员，在收取客人送洗的衣物时都应该认真检查核对。检查核对的内容包括实物与客人填写的有关内容是否相符，衣物口袋有无物件，纽扣有无脱落，有无严重污渍和破损，客人的洗烫要求是否可以满足。如果发现问题，最好向客人当面说明，并在洗衣单上加以注明，以免造成不必要的麻烦。如果客人送洗的衣物是由楼层服务员收取的，应及时送交洗衣服务处。

3. 打码分类

洗衣房在洗烫客人的衣物之前，要在每一件衣物上打码标记，以免将衣物搞混，避免出现差错。打码标记后，要按洗烫的要求进行分类。

4. 洗烫包装

洗烫是洗衣服务中的关键环节。衣物洗烫好后，要根据衣物的类别进行适当的包装。通常，衬衣、内衣可以折叠加封，而外套只能加套挂放，不宜折叠。

5. 送回衣物

通常，住客送洗的衣物应当日洗烫、当日送回。如客人是快洗服务，必须在约定的时间内送回。送回客人的衣物时衣物放在房内显眼处。如果客人在房内，需请客人当面验收。门外有请勿打扰标志，可将特制的说明纸条从门缝塞进房内，客人衣物已经洗烫好，请客人与洗衣服务处联系。

6. 交送账单

洗衣服务处要及时将客人洗衣的账单交送总台收款处客人的总账内统一结算。

VIP
接待

1. 抵达前准备

（1）了解客情 客房服务员可通过“贵宾接待通知单”了解客情，包括贵宾的姓名、国籍、职业、职务、年龄、禁忌、宗教信仰、生活习惯、客房种类、随行人员、接待单位、接待标准、付款方式、抵离店日期和时间以及特殊要求等，以便客人到达时，能够称其名、道其职，并按其生活习惯安排工作，进而提供个性化服务；

（2）**清理客房**　确保客房处于最佳清洁状态。贵宾房除按一般规程进行清理外，还需做好一些计划卫生项目，如家具上蜡、铜器擦亮及地毯除尘、除迹等；

（3）**布置客房**　按“贵宾接待通知单”要求布置客房。贵宾等级不同，相应的客房内物品配备也不同。通常鲜花、水果以及总经理名片等为必放物品；

（4）**查房**　严格检查客房，确保万无一失。贵宾房清扫整理完毕后，需经领班、主管、前厅部经理或大堂副理、客房部经理等按规格标准层层检查，以便及时发现问题并予以纠正。在客房部经理检查符合标准后，封闭客房，禁止无关人员进入。

2. 抵店时迎接

不同等级的贵宾，酒店通常会安排不同的接待规格，由不同级别的管理人员陪同进入楼层。当贵宾抵达时，楼层服务员须在电梯口迎接，礼貌地问候客人，根据情况进行引领和介绍，并随时做好服务工作，如按客人到房人数及时送上小毛巾和热茶。

3. 住店期间服务

（1）客房服务人员应能用姓或职务尊称客人，并主动问候；

（2）根据所了解的贵宾情况，以及服务中观察所得的客人生活习惯、爱好和工作规律，把握时机，为客人提供各种有针对性的服务；

（3）在提供各项客房服务时，应优先考虑贵宾房，务必在客人最方便时进行服务，以不打扰客人的休息和正常生活起居为原则；

（4）配合安全部门做好安全工作，如服务中注意为客人保密，不将记号告诉无关人员等。对特殊身份的访客更要谨慎，以确保贵宾的安全；

（5）根据贵宾的要求随时提供服务。

4. 离店送行

（1）前厅部在确认贵宾离店时间后，至少应提前1小时通知楼层服务员；

（2）楼层服务员接到贵宾离店通知后，应主动进房间向客人表示问候，征询客人意见，询问有无需要帮助的事宜；

（3）通知行李员为客人提携行李；

（4）客人离开房间或楼层时，应向客人道别，为客人按下电梯按钮。客人进电梯后，祝客人一路平安，并欢迎再次光临。等电梯门关闭并运行到下一楼层后，方可离开。

5. 后续工作

送别客人后，迅速检查客房。检查客房酒水使用情况及客房设施设备有无损坏，并使用房内电话报到前厅收银处，检查有无客人遗留物品，如有应尽快归还客人，若有设备损坏，应通知前厅或尽快找工程部给予处理，除非重大损失，一般不要求赔偿，以免给客人造成不良印象。

第四部分 餐饮服务规范

本规范提出了餐饮服务规范的基本标准及对应的要求，适用于餐饮服务执业能力培训与考核。

规范内容一 迎宾服务

（一）迎宾服务操作细则说明

1. 岗前准备

（1）按时到岗，整理好自身的仪容仪表，并做好迎客心理准备；

（2）参加班前会，了解当日工作安排和具体的工作分工，熟记团队用餐计划；

（3）做好本服务区域的卫生整理工作，并准备好营业期间所需服务用具。如菜单、酒水单、餐厅预订簿、留座卡、餐区广告牌和告示牌、迎宾台电话及相关文具；

（4）查询上一班遗留的工作及命令执行情况；

（5）为宴会客人预订鲜花，制作、摆放当日所需指示牌及落实预订宴会客人的各项特殊要求。

2. 礼貌候客

（1）营业前5分钟侍立于指定的工作位置，恭候就餐客人的到来。站姿优雅，必须保持抬头、收腹、肩平，双脚呈“V”字型，双手交叉放于小腹前，面带微笑、目视前方，精神饱满地迎接客人的到来，不得交头接耳，不得倚靠门或其他物体，站位要整齐美观。有客人到达时，面带微笑迎上前，向客人行30°鞠躬礼，并向客人问好和表示欢迎；

（2）询问客人是否有预订；

（3）对所有预订的客人需查对预订资料，对已抵达的客人需注明；

（4）询问客人人数；

（5）如营业高峰时，如没有空餐位应向客人解释清楚，并请客人在休息处等候餐位。送上茶水或杂志以备客人消磨时间。随时与餐厅内服务人员保持沟通联系，及时互通信息。

3. 引客入位

（1）左手拿起菜单及酒水单，右手做出请的手势，走在客人略微偏右的位置，相距1.5米左右，行走时配合客人速度适中，并注意不时回头观察客人是否跟上，遇到转弯时向客人示意，并略作停留，等客人走近后再继续向前；

（2）到达餐桌边后应先征询客人意见，看客人对餐位是否满意。客人对餐桌表示满意后，协助服务员帮客人落座，并送上菜单及酒水单

标准迎宾

（将菜单翻到第一页，双手递送给客人）；

（3）拉椅让座，站立于餐椅之后。将餐椅拉开半米左右的距离，当客人坐下时将餐椅轻轻前送，服务过程中遵循先女后男、先宾后主的服务顺序原则；

（4）迎宾员与值台员交接。将客人就餐人数、宾主姓氏等信息告知值台员以便值台员能够更好地为客人提供服务。

4. 微笑送客

客人就餐结束后，欢送客人，并表示欢迎客人再次光临。

5. 营业收尾

填写好餐厅日志，当班结束后，与下一班次做好交接工作。

（二）迎宾员标准站姿

站姿优雅，必须保持抬头、收腹、肩平，双脚呈“V”字型，双手交叉放于小腹前，面带微笑、目视前方，精神饱满的迎接客人的到来，不得交头接耳，不得倚靠门或其他物体，站位要整齐美观。

（三）引客入位技巧

（1）人数较多的客人，在安排餐位的时候，一般安排靠里的位置。因为人多比较热闹，为了不影响其他客人用餐；

（2）谈生意的客人边用餐边谈工作，不喜欢他们的谈话被别人听到，比较喜欢安静的角落；可以将他们安排在一个比较安静的位置，不靠近通道和备餐间等地方，这也能表示对客人的尊重；

（3）一对恋人来用餐时，迎宾员应该为他们找一个既安静又便于观赏景色的地方；

（4）对着装入时、华丽的客人应尽量安排在餐厅比较显著的位置，一是衬托餐厅的气氛，二来也表示尊重客人；

（5）带有小孩的客人应安排在尽可能不打扰其他客人的地方。

迎宾标准站姿

引客入位标准姿势

规范内容二 点菜服务

（一）点菜服务操作细则说明

1. 点菜前准备

（1）菜单应清理干净，没有任何污渍；

（2）值台员应准备好点菜宝或点菜单及笔。

2. 递送菜单

（1）客人入座后2分钟内应拿到菜单；

（2）站在点菜客人右侧，身体微微前倾，用双手将菜单打开到第一页，递送给客人；

（3）左手握点菜宝或点菜单，右手按键或执笔书写，站立姿势美观大方，不可与客人挨得过近。

3. 菜品推销

（1）服务员应耐心等候留有时间让客人自行翻阅菜单；

（2）在客人翻阅菜单时，应及时向客人简单介绍餐单上的菜品，并回答客人的询问；

（3）向客人介绍厨师长推荐菜品、今日特别推荐菜品、其他特色菜、畅销菜和高档菜等菜品，并介绍其样式、味道和特色。

4. 接受点菜

（1）服务员应先记录客人台号、就餐人数、餐别等；

（2）客人点菜时，服务员应注视客人，认真聆听客人所点菜品名称、分量、烹调方式等，适时帮助客人选择菜品和主动推荐菜品，准确记录菜名及要求；

（3）对于特殊菜品应介绍其特殊之处，并向客人说清楚所需火候、配料等；

（4）若用餐客人的时间较紧，所点的菜品需要较长时间，应征询客人意见。若客人所点菜品口味或原料相似，可礼貌提醒，建议客人调换菜品；

（5）若客人有特殊要求，应在菜单上清楚注明，并告知厨房、划菜员及相关人员。

5. 菜品复述

（1）客人点菜完毕后，服务员应清楚地重复一遍客人所点菜品名称及客人特殊要求，并请客人确认；

（2）复述完毕后，如使用点菜单，应在点菜单的右上角写明下单的时间，以便查询。

6. 推荐酒水

（1）客人点菜完毕后，征询客人意见推荐相应酒水；

（2）准确记录好所需酒水及用量。

7. 请客等候

（1）客人点完菜品和酒水后，服务员礼貌请客人稍等。如是点菜单，应先将菜单送至厨房、收银台等相关岗位；

（2）拿取所点酒水，及时回到餐台。

（二）如何有针对性的进行推销

1. 针对小朋友的推销

小朋友到酒店就餐一般都是由父母带着。对于家庭聚餐来说，一部分菜品的选择会倾向于孩子的口味特点，这时可以向客人推荐那些颜色鲜亮、造型奇特、口味香脆或甜糯易消化的菜品，以满足小朋友的喜好需求。

2. 针对老年人的推销

给老人推销菜品时要注意菜肴的营养结构，重点推荐含糖量低、易消化的食品或者软嫩不伤牙齿的菜肴，口味上偏于清淡的菜品。

3. 针对情侣的推销

恋人去酒店用餐不是真的为吃菜肴，而是吃环境，浪漫的就餐氛围会吸引更多的情侣光顾。服务人员在工作中要留心观察，如果确定就餐的客人是情侣关系，在点菜时就可以推销一些有象征意义的菜，比如“拔丝香蕉”象征甜甜蜜蜜、如胶似漆等。同时服务人员可以针对男士要面子，愿意在女士面前显示自己的实力与大方，并且在消费时大都是男士掏钱的情况，可适当推销一些高档菜。

4. 针对挑剔客人的推销

在日常接待服务工作中，服务人员经常会碰到一些对餐厅“软件”和 “硬件”评头论足的客人。对于爱挑毛病的客人，服务人员首先要以自己最大的耐心和热情来服务，对于客人所提意见要做到“有则改之，无则加勉，不卑不亢，合理解答”。要尽可能顺着客人的意思去回答问题，在推销饭菜和酒水时要多征求客人的意见，同时要切记，无论客人如何挑剔，都要以灿烂的微笑对待。

5. 针对犹豫不决客人的推销

有些客人在点菜时经常犹豫不决，不知道该点哪道菜好。从性格上讲这种客人大部分属于“随波逐流”型，没有主见，容易受人左右。因此，面对这些客人，服务人员要把握现场气氛，准确地为客人推荐酒店的招牌菜、特色菜，并对所推荐的菜品加以讲解，一般这类客人很容易接受推荐的菜肴。

6. 针对消费水平一般客人的推销技巧

一般来说，工薪阶层客人的消费能力相对较弱。他们更注重饭菜的实惠，要求菜品物美价廉。在向这些客人推销菜品时，一定要掌握好尺度，要学会尊重他们，如果过多地推销高档食品会使他们觉得窘迫，很没面子，甚至会伤害客人的自尊心，容易使客人产生店大欺客的心理。所以在推销高档菜品、酒水时，要采取试探性的推销方法，如果客人不接受，那么就需要服务人员转过来在中、低档菜品、酒水上做文章。

规范内容三 酒水服务

（一）酒水服务流程细则说明

1. 斟酒前准备

（1）菜单应清洁干净，没有任何污渍；

（2）检查酒水标志和酒水质量；

（3）擦拭酒瓶。

2. 示瓶

（1）站在点酒者一侧，一手握瓶颈，一手托瓶底，将商标展示给客人，并报酒品名称，待客人认可后，再当众开瓶；

（2）若客人所点的是葡萄酒，应请主人品尝，以确保酒品的质量符合要求。

3. 询问斟酒

（1）按照先宾后主的顺序顺时针依次斟酒；

（2）站在客人右后侧，右脚在前，左脚在后，侧身而立，右手持酒瓶向前伸出；

（3）斟酒时，应掌握好酒瓶的倾斜度并控制好出酒的速度，瓶口距杯口1~2厘米，瓶口不得碰到杯口；

（4）斟酒完毕，将瓶口抬起并顺时针旋转45°后收瓶。

4. 席间续斟

当杯中酒水不足1/3时，为客人将酒续斟好。

（二）常见酒水基础知识

1. 常见酒水斟酒量

中餐斟酒一般以八分满为宜；西餐酒水服务中，白葡萄酒斟倒2/3杯，红葡萄酒斟1/2杯，啤酒斟倒八分满。

2．常见酒水的最佳饮用温度

（1）白葡萄酒、香槟酒、玫瑰露酒在斟倒前一般冰镇。白葡萄酒的最佳饮用温度为8~12℃；香槟酒和玫瑰露酒的饮用温度为4~8℃；夏季客人需要冰镇的啤酒和软饮料时，最佳饮用温度为4~8℃；

（2）黄酒和清酒温热饮用口感更佳，最佳饮用温度为60℃左右；

（3）红葡萄酒、中国白酒饮用温度为室温，温度在18℃为佳。

3. 斟酒顺序

斟酒时，按照先宾后主，女士优先的原则进行。

规范内容四 上菜服务

流程与技巧

（一）上菜服务流程细则说明

1. 确定上菜时机

宴会客人就餐，一般宴会开始前5分钟已将冷盘上好，客人入座开席后，当冷盘吃去1/2或1/3左右时，开始上第一道热菜，上菜速度根据客人用餐情况灵活掌握；零散客人就餐，冷盘应在客人点菜10分钟内上桌，15分钟内上第一道热菜，宾客较少时，应在30~45分钟内上齐所有菜。

2. 确定上菜顺序

中餐宴会上菜的基本规则是：先冷后热、先菜后点、先咸后甜、先炒后烧、先荤后素；先干后汤、先菜后汤；先清淡后肥厚、先优质后一般以及遵循一般的风俗习惯。如客人对上菜有特殊要求，应灵活掌握。中式粤菜上菜顺序不同于其他菜系，是先汤后菜。

一般中餐宴会上菜的基本顺序是：

第一道上冷盘；第二道上头菜，一般为宴会的代表性的菜点；第三道上主菜，较高贵的名菜；第四道是一般热菜，数量较多，又可以细分为先熘爆炒菜，后烧烤菜，再素菜，最后鱼。第五道是汤菜；第六道是甜菜，随上点心；最后在主食之后上水果。

3. 席间上菜

服务人员将菜准备上桌前，必须先核对传菜服务员所传到的菜是否与菜单上所列相符，确认后方可上桌，上菜时要检查器皿有无破损、菜量是否符合标准；

中餐宴会上菜位置一般选在陪同和次要客人之间，或者副主人的右侧，并始终保持在同一个位置上。上菜前先将上菜的位置腾出，提醒客人注意。特色菜、新菜转到主人及主宾之间。上菜时，报菜名要声音洪亮、清楚，并用手示意，有配料的应先上配料并做提示；

餐桌上菜品摆放不下时，应征求客人意见将台上剩下最少的一些菜换到小盘里，切记不可摞盘，不可混盘。

4. 后续服务

随时观察桌面上的情况，将客人吃完的餐盘及时撤下。上最后一道

菜品时，应告知点菜者，菜已上齐，菜品不够吃时，应征询客人意见是否需要加菜，并主动推销。

（二）中餐摆菜技巧

（1）菜品摆放时注意：颜色搭配开、口味搭配开、荤素搭配开；

（2）宴席中的大拼盘、大份菜，一般要摆在转盘中间；

（3）各种菜肴要对称摆放，讲究造型艺术。以菜肴的原材料、色彩、形状、盛器等方面对称摆放。如：鸡对鸭，鱼对虾等；

（4）热菜使用长盘的，盘子要横向朝着主人；

（5）共用作料时，应将作料摆在菜品右侧，或围圈摆放；

（6）所有带头的菜品，应根据各地的具体要求摆放。

（三）上菜时的注意事项

1. 位置方面

（1）不从重要客人身旁上菜；

（2）不从老人孩子之间上菜；

（3）不从衣着华丽的女士身旁上菜。

2. 其他要求

（1）客人凉菜吃到1/2或1/3时，征询主人意见上第一道热菜；

（2）报菜名时，应将菜放好后，退后一步身子站稳再报；

（3）上菜时动作要轻，使用双手或右手，严禁将菜肴从客人头上越过；

（4）上汤类菜肴时，要给客人分汤；

（5）上粒状菜品时，必须配长柄汤匙，匙柄朝向主人方向；

（6）如有小孩同桌就餐时，一定将热菜、汤类、锅仔、煲类菜品远离孩子，并提醒成人注意；

（7）上带壳菜时，要跟上小毛巾和洗手盅；

（8）菜上齐后要告知客人并视情况提醒客人是否加菜；

（9）注意不摞盘、不混菜；

（10）上菜不准推，撤盘不准拉。

餐后结账

1. 备单

（1）当客人所点菜品已上齐，餐桌菜品充裕且客人不再需要添加，就餐接近尾声时，值台服务员可提醒收银员做好结账准备，以减少客人等候时间；

（2）检查账单的台号、人数、餐费、酒水饮料费及其他费用是否正确，核对无误后放置在指定地点随时准备结账。

2. 递送账单

当客人向值台服务员提出结账要求时，服务员应再次检查账单上的菜点酒水与客人桌上的是否相符，如准确无误后将账单正面朝下或朝内对折，放在托盘内呈送给客人；如有不符，应核对无误后再呈递给客人进行结账；结账时站在客人右侧，将账单展开右手食指指向账单总金额，并轻声告诉客人。

3. 确定付款方式、结账

确定客人的付款方式，一般付款方式为现金、信用卡、签单转账等。客人用现金结账时，应当着客人的面将钱点清并告知所收金额，对面值的真伪利用手感进行辨别，将所收现金连同账单一起交由收银员结算。将找回的零钱连同发票盛放在账单夹中递送给客人，并在客人确认所找钱数正确后，礼貌感谢客人。信用卡结账时，应对客人所持的信用卡进行核卡，检查信用卡的有效期，然后连同账单一起交给收银员进行结算。

服务员将签购单一起交给客人，请客人在签购单上签字，确认无误后将付款单中的客人使用联和信用卡一起返还客人并致谢。协议单位结账时，服务员应先咨询吧台人员，是否可以签单。如可以，服务员将账单给客人签字后，交收银员结账，确认账单有效，无涂改。如不可签单，礼貌弄清原委，委婉请客人先付现金结账。

4. 结账后服务

客人结账完毕后没有马上离开餐厅，服务员应继续耐心提供服务，并为客人添加茶水。直到客人离开后，拉椅送客，收拾台面，迎接下一批客人的到来。

零点
服务

（一）零点餐服务流程细则说明

1. 餐前准备

按餐厅要求整理仪容仪表，接受任务，整理环境，准备餐台。

2. 迎接宾客

（1）开餐前10分钟按标准姿势站在指定位置，面带微笑迎接客人的到来；

（2）当客人距离服务员3米远时，热情问候，询问客人是否有预订及用餐人数；

（3）将客人引领到适当位置，协助值台服务员拉椅让座，并递上菜单和酒水单请客人翻阅。

3. 开餐前准备

（1）值台服务员按客人人数上小毛巾，再为客人打开餐巾，除去筷套；

（2）问位开茶，按照茶水八成满的标准为客人斟倒；

（3）增撤餐位，左手托盘，右手将多余的餐具放置在托盘中取走或用托盘取来需要增至的餐具，右手摆放在餐桌空位。

4. 点菜下单

位于客人右后侧接受客人点菜，打开菜谱第一页双手呈递到客人面前。左手拿点菜宝站在客人右后侧约0.5米处，面带微笑关注客人，随时推销菜品或回答客人的提问。点菜完毕，向客人推销酒水，重复菜单和酒水单，请客人确认并致谢，并询问客人上菜时间。将菜谱收回，放回服务台中。

5. 席间服务

（1）客人如点酒水，应先将酒水取来，检查无误后为客人斟倒；

（2）及时为客人上菜，根据先凉菜，后热菜、汤菜、主食、甜食、水果的顺序依次上菜，并提供相应的服务；

（3）客人用餐过程中，随时为客人添加酒水；撤换餐具，撤换小毛巾；

（4）询问客人是否需要添菜加酒。

6. 餐后结束工作

（1）当客人提出结账时，提前为客人准备好账单，问清客人付款方式，及时为客人结账；

（2）征求意见 将账单及零钱送还客人时，微笑询问客人就餐感受，对客人提出的意见或建议表示感谢，对用餐中给客人带来过不便表示歉意；

（3）拉椅送客 客人起身时，帮助客人拉开椅子，并提醒客人不要遗落物品。将客人送出餐厅门外，向客人道别并欢迎客人再次光临；

（4）返回餐桌 迅速检查客人是否有遗留物品，如有，及时赶上归还客人。按照正确撤台顺序进行清理。按照先布草，后玻璃器皿，再小件餐具，再普通餐具，后菜盘的顺序依次撤下。

（二）中餐零点服务时注意事项

（1）中餐零点服务客人多而杂，各种需求不一，到达时间交错，工作量大，所以要求服务人员随时做好迎接客人准备，并有针对性的为客人提供个性化服务；

（2）服务时应注意女士优先原则；

（3）点菜时应询问客人需求，帮助客人推荐最为满意的菜品。

点菜下单

增撤餐具

斟倒酒水

拉椅送客

规范内容五 宴会服务

（一）宴会服务流程细则说明

1. 宴会前准备工作

（1）**掌握情况** 接到宴会通知后，餐厅相关人员要做到“八知三了解”。八知即知台数、人数，知宴会标准，知开餐时间，知菜式品种及出菜顺序，知主办单位、台号，知收费标准，知邀请对象；三了解即了解宾客风俗习惯、了解宾客忌讳、了解宾客的特殊要求；

（2）**明确分工** 明确岗位分工，熟知具体工作内容；

（3）**宴会布置** 包括场景布置、餐桌布置及台面布置，一般宴会餐桌布置应近高远低，主桌第一，桌与桌之间距离大于1.5米，桌与墙之间应大于1.2米；

（4）**熟悉菜单** 了解菜点的服务程序，掌握菜单主要菜品的特色及上菜、分菜特点，重要宴会则人手一份菜单；

（5）**物品准备** 准备好宴会菜单、相应的服务物品如餐具、酒具、配料、作料及常用酒水，并根据宴会要求备好鲜花、酒水、香烟、水果等。

2. 迎接客人

根据宴会开餐计划时间，迎宾员及餐厅主管应提前10分钟做好迎接客人准备，值台服务员应站在各自负责的餐桌旁准备为客人服务。客人达到后热情迎接、微笑问候，将客人引领到相应位置。

3．就餐服务

（1）**入席服务** 客人来到桌前，值台员礼貌迎接并协助客人入座。客人坐定后为客人取餐巾、脱筷套、斟茶水；

（2）**斟倒酒水** 征询客人意见为客人斟倒其所需酒水，斟倒白酒时，如客人不要应及时将空酒杯撤走；

（3）**上热菜** 宴会凉菜一般在开餐前5~10分钟摆上桌面。征得主人同意，热菜一般在凉菜剩下1/2或1/3时陆续送上。多台宴会应看主桌或听从指挥统一上菜。服务员选在正确位置上菜，并报菜名，同时将吃空的菜盘撤下桌面。对于整体菜或不容易夹取的菜品应进行分菜；

（4）**撤换餐具** 重要宴会每道菜换一次骨碟，一般宴会换碟次数不应少于三次。撤换餐碟按照先主宾后主人的顺序先撤后换，在客人右侧操作；

（5）**席间服务** 宴席进行过程中，服务员应及时为客人续斟酒水，根据客人需求主动提供服务，并随时处理宴会过程中的突发事件。

4．宴会结束工作

（1）宴会上菜完成后，及时清点菜单所列项目以外的产生费用的所有物品，及时汇总准备好账单。宴会结束前，找宴会主办人签字或付款；

（2）**送别客人** 当宴会结束客人离席，服务员应提醒客人检查好随身携带物品，拉椅送客，与客人告别，微笑站立目送客人至餐厅门口；

（3）**检查** 检查台面是否有未熄灭的烟头，客人遗留的物品；

（4）**清理台面** 客人全部离开后，按照撤台顺序开始清理台面，贵重餐具要当场清点，将餐厅重新布置恢复原样，所有收尾工作全部做完后领班检查。

（二）宴会服务上小毛巾的时机

（1）客人到时上毛巾；
（2）上汤后上毛巾；
（3）上虾、蟹、乳鸽、鲍鱼等需用手来吃的菜后上毛巾；
（4）上炒饭后上毛巾；
（5）上水果后上毛巾；
（6）客人离席回来时应送上毛巾。

（三）宴会服务上撤换骨碟的时机

（1）吃完带骨的食物之后，应换上干净骨碟；
（2）吃完芡汁多的菜肴后，应换上干净骨碟；
（3）上甜菜、甜品之前应更换一次骨碟；
（4）上水果前，换上干净的骨碟和水果叉；
（5）残渣骨刺较多或有其他脏物的骨碟要随时换；
（6）客人失误，将餐具跌落在地时应及时更换。

规范内容六 自助餐服务

1. 餐前准备工作

（1）**自我检查** 检查自身的仪容仪表是否到位，做好随时迎接客人的准备；

（2）**物品检查** 检查所用餐具、电气设备设施和使用的物品是否备齐；

（3）**检查物品卫生情况** 检查台面所有餐具、物品卫生状况是否达标，检查桌椅、台布是否清洁，检查地面清洁状况；

（4）检查暖炉、微波炉工作状况是否正常，菜牌的摆放是否与菜肴对应。

2. 餐中服务

（1）在规定时间前5~10分钟迎宾员迎接客人到来，其他巡台服务员在指定位置站好随时准备为客人服务；

（2）与迎宾员核实人数，团队客人与领队核实人数；

（3）客人离座取菜时，应提醒客人携带好贵重物品，以防丢失；

（4）巡视服务区域，随时保持餐厅清洁，遇到行动不便客人，可征求意见帮助客人取拿；

（5）保持餐台菜肴的形态，并保证菜肴的菜量充足，对即将用尽的菜品，征求领班意见及时补充；

（6）提醒客人适当拿取，避免浪费。

3. 餐后收尾工作

（1）拉椅送客，检查台面有无遗留物品；

（2）熄灭明火，切断电源，检查物品是否有破损情况；

（3）清洁食品台和工作台，按照规定对下一餐进行摆台。

餐中服务

餐后收尾

我来简单说几句……